Reinhard Duran Salas

Das Wunder

Eine Betrachtung

Für Angela

© 2023 Reinhard Duran Salas
Herstellung und Verlag:
BoD – Books on Demand,
Norderstedt
ISBN: 9783758322723

Bin ich nur ein eingebildeter Zipfel meiner selbst?

Ich glaube, zu sein, was ich gar nicht bin, aber als meine Wirklichkeit wahrnehme, statt mich aus ihr herauszuziehen und den mich darstellenden Protagonisten auf seiner Bühne einfach nur zu beobachten.

Kann ich mich nicht verstecken, bekomme ich Angst, ausgeliefert zu sein. Dabei kenne ich mich nicht einmal, empfinde aber Scham und Schuldgefühle meinetwegen, obwohl ich nur eine Illusion von mir bin, die mir eine Scheinidentität verleiht.

Ich kann nichts gut oder schlecht an mir finden, weil ich nicht weiß, wer ich eigentlich bin, und jede Vorstellung von mir ist ein Irrtum, der mich seelisch einsperrt.

Viele können vor anderen nicht verbergen, wer sie wirklich sind, sich selbst aber auch nicht richtig erkennen, so daß sie sich falsch einschätzen und zu fatalen Fehlurteilen gelangen.

In „Heilig“ steckt „Heil“ und „Heilen“, was, wenn es geschieht, auf Vollkommenheit hinweist – nicht unbedingt auf ein Jenseits oder Göttliches, aber doch darauf, daß es auch in mir sein muß.

Viele Täuschungen halten wir für wirklich und viele Wirklichkeiten für falsch, obwohl wir spüren, daß es nicht stimmt. Doch wir setzen unsere ganze Verstandeskraft dafür ein, zu beweisen, daß wir richtig liegen. Daher das permanente Gefühl innerer Zerrissenheit.

Jedes Fünkchen Liebe ist ein Aufblitzen des Lichts. Die Verzweiflung findet in völliger Dunkelheit statt: dort, wo nicht die leiseste Liebesäußerung aufglimmt.

Wir leben in einem Überfluß an Wahrheiten und ertrinken doch im Meer der Unwahrheiten. Dabei brauchen wir nur auf unsere echten Wahrnehmungen zu achten, um uns aus den Strudeln der Verwirrung zu erheben und wie Jesus übers Wasser zu gehen.

Wir haben nur das, was uns bewußt ist, im Richtigen wie im Falschen. Entsprechend leben wir: leider überwiegend im Irrtum, der unnötiges Leid mit sich bringt.

Wer nicht vergibt, trägt die Last des Schuldigen,
statt ihm zu verzeihen und sich selbst von der
Bürde zu befreien.

Die Aufgabe der Kerze ist es, ihre Flamme zu
nähren – die des Leibes, als Sänfte seiner ihm
innewohnenden Seele zu dienen. Beide
verbrauchen für ihre Herrschaft die eigene
Substanz, hinschmelzend oder -sterbend, und
geben die Staffel an die nächsten Menschen
weiter.

Die Zeit ist der Mantel um unseren Kern, trennt
uns von unserer Heimat und dehnt sich endlos:
ein Kabel, dessen Isolationsschicht den
Kupferdraht, die Seele, umschließt – wie soll sie
sich funkenschlagend mit der Ewigkeit
kurzschließen, von der sie die eigene Hülle
abhält? Das Innere des Kabels kann sich nur an
der entblößten, nicht abgeschirmten Spitze
funkensprühend mit dem Ganzen vereinen.

Geben ist dankbares Nehmen, bereichert es doch
so sehr, daß man gar nicht mehr nehmen mag,
was aber die hohe Kunst der Demut ist.

So zu empfangen, daß sich der Spender als Gott
fühlt, ist nur Göttern gegeben.

Man selber kommt nicht darauf, seinen eigenen Wert zu ermessen. Das kann nur ein liebender Mensch dir vermitteln: der Spiegel, in dem du dein göttliches Antlitz erblickst – sei also auch anderen ein würdiger Spiegel!

Kaum bist du weg, kriege ich Heimweh nach dir, du mein Zuhause im Raumlosen, das aufgehoben ist im Heim deines Herzens: warm, hell und friedvoll.

Mir fehlt dein Fingerdrücken, deine kalte Nase, die ich warm küssen kann, vor allem dein vertrauensvolles Kuscheln an mich: als sei ich die Exzellenz eines Schmusetiers aus deiner Kindheit.

Das Reine ist eine schöne Erscheinung, die aber häßlich mißbraucht wird.

Häßliches hängt sich an Schönes und macht es nur häßlich. Kann umgekehrt Schönes Häßliches schön machen? Ja, aber nur über den Weg der inneren Wahrheit.

Leere ist Angst, Tod nur ein Symbol davon. Man kann auch lebend tot sein, nicht aber tot leben.

Der tote Leib verbindet sich zurück mit der Welt. Die sterbende Seele aber verliert nicht nur mit ihrem lebendigen Leib und der Welt den Kontakt, sondern auch mit sich selbst, ihrem göttlichen Funken: ist das mit Höllenqual gemeint?

Gott findet man nicht in sich selbst, sondern im Du. Deine Augen spiegeln nicht dich, sondern meine Seele in dir. Deine Seele ist auch meine eigene, meine deine, und im Unrecht an dir bin ich ungerecht gegen mich.

Zeit ist die Schlange, und ich bin der Raum, den sie würgt und verschlingt. Nur über die Raumlosigkeit entkomme ich ihr: da fällt sie zusammen in nichts. Ich nähre sie mit meinem Körper, über den sie ihren gestülpt hat. Ehe ich mich in ihr aufgelöst habe, umschlängelt sie züngelnd das nächste Opfer.

Wir fühlen uns arm. Doch es ist bloß die Negierung unseres Reichtums: wie unermesslich er ist, so wenig kommt er uns vor. Eigentlich ist unser Armutsgefühl freche Eitelkeit: wir erdreisten uns, unseren Wohlstand gering zu schätzen.

„Werdet wie die Kinder“, meint nicht ihre
Unmündigkeit, sondern ihre volle Bewußtheit,
etwas ganz Besonderes zu sein: ihre heile
Selbstverantwortlichkeit, die ihnen mit dem
Heranwachsen zunehmend verlorengeht, bis sie,
kränkelnd, völlig kindisch geworden sind. Der
Mensch reift nicht mit dem Älterwerden,
sondern verkommt vom herrlichen Gott zum
kraftlosen Schrumpel.

Spottest du seiner, lobst du ihn eigentlich. Ist
Lob des Kretins nicht Hohn für den Weisen?
Drum speie, Schwachsinniger, ihn ruhig an, bist
du doch selber nur Auswurf: du erhöhst ihn
damit und erniedrigst dich selbst!

Abgefallen sind wir von unseren Wurzeln,
abfällig geworden, Abfall auf abfälligem Boden,
der sich zum Abgrund hinneigt. Der
paradiesische Baum der Erkenntnis, der einst
über uns prangte: zerfressen von unseren
Zweifeln, niedergebrochen von unserer
eingebildeten Schwäche – Nahrung den Maden,
die sich an unserer Herrlichkeit mästen und sie
zu Humus verdauen.

Gott baut darauf, daß wir aus unserer Einsicht *ihm* statt dem Satan vertrauen, der uns nicht ernst nimmt, sondern bevormundet, uns vorschreibt, was schlecht für uns ist: ein Tyrann, aber kein Schöpfer – der läßt seinen Geschöpfen die Wahl, sich frei für die Wahrheit oder Lüge zu entscheiden.

Das Gegenteil von Liebe ist nicht Haß, sondern Angst, die Liebenden so fern wie Hassenden nah ist: Haßangst, siamesische Zwillinge aus der Hölle, in die unsere Welt sich verkehrt hat.

Was uns bedroht, ist das Unwirkliche, die Fiktion einer behaupteten Realität, die uns im Glauben an Ammenmärchen hält, abhängig von ihnen macht: Seelenvampire – sie leben von unserem Blut, unserer Energie, die uns ihre inszenierten Kriege kosten.

Wahrheit ist unser göttlicher Schutz. Wir wurden zu oft von Täuschungen gelähmt, denen wir glaubten und die uns erst dann nichts mehr anhaben können, wenn wir sie durchschaut haben und augenreibend erwachen!

Das einzige Wunder ist die Liebe. Wer sie einmal erlebt hat, bekommt eine Ahnung von der Tiefendimension unseres Daseins. Der nächste

Schritt wäre, diese Erfahrung auf andere – alle Individuen zu übertragen.

Es gibt keinen Unterschied zwischen uns Menschen, nur unterschiedliche Bewertungen untereinander.

Quelle der Liebe? Innigste Verbundenheit mit einem anderen Menschen. Sie geht über alles irdische Maß hinaus, wenn wir dafür offen sind, sprengt unseren Kokon der Kleingeistigkeit – plötzlich schauen wir auf das Gewusel dieser Welt: ein Ameisenhaufen!

Woraus speist sich die Quelle? Aus einem transzendentalen Urgrund? Ist Liebe das Sinnbild für die Substanz des Lebendigen überhaupt: Mystik göttlichen Wirkens?

Wahrheit ist Licht – Unwahrheit Dunkelheit, aus der die Offenbarung den Erleuchteten geradezu anspringt, während der Ungläubige in seinem Irrtum verharrt: aufstiebende Funken, die in seiner Blindheit gleich verlöschen.

Tyrannei, Inbegriff der Sklaverei, die den Freigeist zerbricht, mit unsäglichen Lügen vergewaltigt, jede echte Erkenntnis zertritt. Schließlich versinkt man im tyrannischen Wahn,

lebensunfähig geworden, und zieht alles
Künstliche, an das man sich klammert, mit in
den Sumpf: Tartarus entselbsteter Moorleichen.

Flachwichser haben Flachwurzeln, die sich nur
oberflächlich ausbreiten, keinen tieferen Halt
haben im Sturm der Erkenntnis: knorrig und
mächtig erscheinend, bläst sie der erste
Windstoß gleich um. Da liegen sie: umgestürzte
Kiefern, waagerecht am sandigen Boden, und ihr
Wurzelwerk ragt wie ein stehender Teller
senkrecht nach oben.

Wir leben in einer Welt der Konflikte – aber nur
Gewaltlosigkeit führt uns aus dieser Streithölle
heraus. Es ist so offensichtlich, daß es
verwundert, warum wir nicht längst im Frieden
miteinander leben.

Immer mehr kommen zu dem Ergebnis, daß sie
Vampiren auf Erden vertraut haben, denen sie
nun aber die Nahrung entziehen: ihr eigenes
Blut.

Da Liebe nicht verlangt werden kann, sollte man
sie frei fliegen lassen und nicht wie einen
Drachen an der Schnur im Sturm der Gefühle zu
sich herabzerren wollen.

Das, was uns mangelt, haben wir selber erzeugt, schieben es aber gern auf Gott und die Welt.

Höchste aphoristische Form: Dialektik, die mit Paradoxien jongliert.

Sein scheint sich wie durch ein Wunder nur im Jetzt zu befinden, von der Vergangenheit und Zukunft wie von zwei endlosen Fäden in der Mitte gehalten.

Oder entspringt das Sein einem Mirakel, wie Wasser dem Quell?

Schöpferquell: nur durch die subjektive Linse zu erfassen, als Film, der vor uns abläuft, von uns selbst aufgenommen. Doch wir können uns so wenig filmen, wie die Kamera sich selber, sondern nur das aus uns heraussprudelnde Leben: festgehaltene persönliche Erfahrungen – als wären wir zugleich unser Schöpfer, dem wir entquellen, und unsere eigene Schöpfung.

Basierend auf dem Wunder unseres Daseins, gehen wir von uns als Mittelpunkt aus: ein in die Welt geworfener Stein. Sein Aufschlag sendet Wellen aus, bildet Kreise, die sich auf der Wasseroberfläche immer weiter ausbreiten:

Erlebnisse und Erinnerungen – bis hin zum
Rand unseres Todes, Ausgang aus diesem Leben.

Ist unser Tod nur die Rückkehr in unsere
ursprüngliche Existenz, jenseits der materiellen
Sphäre?

Kein Mensch mit Nahtoderfahrung will wieder
umkehren in sein trübseliges Leben, sondern die
irdische Sphäre wie eine Schallmauer
durchbrechen: eine zähe, kaugummiartig sich
dehnende Blase – dahinter die Urseligkeit, seine
eigentliche Heimat! Doch er prallt ab von der
Membran, die ihn von ihr trennt und wie ein
Trampolin zurückgeschleudert in diese
dreidimensionale Existenz.

Es ist ein Dechiffrierungprozeß, als sollten wir
aus dem Knäuel unserer Verworrenheit zur
Lösung eines Rätsels geführt werden, das wir
uns selber stellten: wir machten uns unwissend,
um uns wieder neu zu entdecken, bis wir uns so
klar wie in reiner Luft oder sauberem Wasser
erkennen, durch dessen Trübung wir uns zuvor
kaum wahrgenommen haben.

Daß die Dunkelheit nichts verbergen kann,
bezeugen ja schon Katze, Eule und Fledermaus,
die anders wahrnehmen als wir. Wie aber steht

es mit der geistigen Finsternis? Auch hier gibt es keine absolut verbergende Dunkelheit, nur unterschiedliche Wahrnehmungsfrequenzen oder Intelligenzen – nun stelle man sich mal höher schwingende Geistwesen vor!

Verstecken wir uns nicht wie ein Kind, das sich die Augen zuhält und glaubt, nicht gesehen zu werden, weil es selber nichts sieht, oder wie der Vogel Strauß, der seinen Kopf bei Gefahr in den Sand steckt und meint, sie wäre damit verschwunden – seien wir vielmehr wachsam und erkennen, daß unsere Ängstlichkeit die eigentliche Gefahr für uns ist!

Schreckgespenster unserer Kindheit: Fratzen schwarzer Seelen, die uns heimsuchten und einschüchterten, um Gewalt über uns zu bekommen – feige Spinnen und Schlangen, die Fallen stellten oder uns, ihren Opfern, mit Giftzähnen auflauerten.

Würden wir begreifen, daß Lieblosigkeit unser wahres Vergehen ist, hätten wir eine andere Vorstellung von Ethik. Gefühlskälte gibt es in allen Facetten und Steigerungsformen – vielen verborgen, weil sie Tiefe mit Kompliziertheit verwechseln und das für wichtig halten, was im Grunde nur leer und flach ist.

„Versöhnen" hat weniger mit Verzeihen als
vielmehr mit Verwandtschaft zu tun: sich
aussöhnen, bezieht sich auf den Sohn, mit dem
man sich wieder verträgt, der einem immer nahe
war, trotz aller Entfremdung, die nun
aufgehoben ist, so daß die ursprüngliche
Gemeinschaft, alle Zwischenwände
niederreißend, neu zustande kommt.

Zwiespalt, der verwandte Generationen trennt,
ist oft nur ein künstlicher. Mit der Aussöhnung
sind ihre ursprünglichen Verbindungen wieder
hergestellt: väterlich, versöhnlich vereint, einer
dem anderen Sohn wie auch Vater,
verantwortlich jeder für jeden – jeder der Obhut
des anderen anvertraut.

Versöhnung gibt es auch mit der Zeit und dem
Raum, worin unser Leben sich abspielt, ebenso
mit den Tieren und Pflanzen, sogar mit den
Steinen und Wolken: alles ist das eigene Heim
und das der anderen – wiederentdeckte Heimat,
aus der Entfremdung zurück in die
Ursprungsfamilie, geborgen im eigentlichen
Zuhause. Ist nicht die ganze Welt unsere wahre
Verwandtschaft?

Wären die Priester ihren Schutzbefohlenen Ärzte und Helfer gewesen, statt ihre Krankmacher, Ausbeuter, Mißbraucher – wäre ihnen die wohlverdiente Anerkennung gewiß. So aber sind sie infame Betrüger: ein Dunst von Heuchelei und Widerwärtigkeit umgibt – spiegelverkehrt in Worten und Taten!

Die Hirten tun ihren Schafen Erniedrigendes statt Wohltaten an, erheben sie nicht, unterdrücken sie vielmehr, wo sie nur können, drehen die Wahrheit in Falschheit um und wuchern zum eigenen Vorteil mit dem Wort Gottes, als dessen Diener sie sich ausgeben: Höhner und Schmäher, die ärgsten Erzfeinde des Höchsten, ihn und sein Werk beschmutzend – sie gehören wie die Geldwechsler aus dem Tempel getrieben, diese scheinheiligen Vasallen der Korruption, Perversion und geistigseelischen Verkommenheit!

Das Bewußtsein wird als die wichtigste Wahrnehmungsebene des Menschen betrachtet, obwohl es nur untergeordnet ist, eine Art Diener unterer oder oberer Etagen, der die Eingebungen zu verwalten, zu archivieren und zu *hüten* hat – nicht aber zu beherrschen, zu interpretieren, umzudeuten oder gar selbst zu erstellen, wie er sich dauernd anmaßt.

Als würden die Affen die Zooverwaltung übernehmen und ihre Wärter in die Käfige sperren oder die Geisteskranken einer Psychiatrie ihre Pflegekräfte in die Zellen treiben, sie sedieren, gar schocktherapieren und überhaupt die Leitung an sich reißen, so daß von einem *echten* Irrenhaus die Rede sein kann, in dem die Verrückten die Wahrheit bestimmen, Sadisten die Humanität definieren, Verbrecher Recht sprechen, Kranke über die Gesundheit befinden und tödliche Anordnungen gegen Leib und Leben erlassen, das sie ausrotten wollen. So steht es um diese spiegelverkehrte Welt: die unter Drogen und Gehirnwäsche gesetzten „Patienten" nicken den Wahnsinn ab, halten die Renitenten für Verbrecher gegen die heilige Ordnung, erklären sie für vogelfrei und bedrohen sie mit den härtesten Strafen – wehe der Hölle auf Erden!

Die unteren und oberen Wahrnehmungsstufen werden abfällig als das „Unbewußte" bezeichnet, das Affen und Verrückte in den Keller gesperrt haben und als Abort benutzen: eine Senkgrube, in der sie ihren geistigen Dreck und ihre seelischen Exkremente entsorgen.

Das Übersinnliche ist die Ebene über dem Erdgeschoß der außer Kontrolle geratenen Verwaltung, die nur die unterirdische Bürokratie ist, über der sich die Beletage der Geistigkeit und schönen Künste befindet. Intuition und göttliche Eingebung aber wurden in die Gerümpel- und Dachkammer der Ignoranz verfrachtet.

Freiheit von Angst ist ein Wunder auf Erden, auch die Erkenntnis, daß jeder von uns göttlichen Ursprungs und Furcht daher unnötig ist. Den meisten wurde ihre Seele ausgeredet, als Gespenst lächerlich gemacht, obwohl sie unsterblich und überbewußt ist. Erst wenn wir das begriffen haben, können wir die schönste Aussicht auf unserer Beletage genießen.

Liebe ist göttlich: einziger Gottesbeweis in dieser atheistischen Welt. Und wäre man selbst in einen Esel aus Shakespeares Sommernachtstraum verliebt: man spürte doch Höheres, sähe Adonis oder Helena – mythische Verkörperungen göttlicher Schönheit, von der nur die wissen, die sie erlebten.

Die meisten sind ich-bezogen, wissen aber kaum, was mit ihnen geschieht. Ihr eingebildetes Ego hat alles an sich gerissen, ohne verwurzelt zu sein, denn es hat keinen wirklichen Grund, ist bloß eine Phantasmagorie und quatscht den Besitzer voll, überflutet ihn mit Bildern des Alltags, in denen er ertrinkt und der Illusion erliegt, ausschließlich dieses plappernde Ich zu sein, das, würde es enttarnt, in Schall und Rauch zerstöbe, weshalb es hysterisch um seine Existenz irrlichtert und trötet.

Eine Wonne über körperliche Befriedigungen hinaus, die sie für das Höchste halten, kennen viele nicht. Sie dringen nicht in ihre tieferen Bereiche ein, begnügen sich vielmehr mit profanem Genuß: Rausch und Sucht nach Geld, Anerkennung, Macht, Konsum oder Sex – Verlockungen, für die sie einen Pakt mit dem Teufel schließen.

Sind wir nicht hybride Wesen, Engel in der Verkleidung von Menschen, in denen noch Animalisches steckt, das uns zu viehischen Taten stachelt und zu solcher Niedertracht und Grausamkeit treibt, wozu selbst Tiere nicht fähig wären?

Verrannt in unserer Gemeinheit, begehen wir Schändliches, würdigen andere Menschen herab, als wären sie Nutztiere, Gegenstände, Sklaven oder bloß Schlachtvieh: unerträglich für den, der von unserer verschütteten Göttlichkeit weiß. Es fällt ihm schwer, uns zuzusehen und nicht zu verabscheuen – aber unsere Unwissenheit über unser eigenes höheres Wesen, unser engstirniger Narzißmus, der uns zu Psychopathen und grausamen Herren über Leben und Tod macht, hält ihn davon ab, uns zu verdammen. Doch das Leid, das wir anderen zufügen, ist unverzeihlich und fällt auf uns selber zurück: was wir unseren Geschwistern antun, verbrechen wir an uns selbst – nur unsere Einsicht, Reue und höhere Vergebung kann das wieder rückgängig machen!

Stellen wir uns vor, wir wären nicht die, für die wir uns in diesem irdischen Leben halten, sondern reisende Engel im Fleischgewand, freie Geister in einer Blechbüchse mit Löchern für unsere Sinne oder in einer Ritterrüstung mit heruntergeklapptem Visier, das unser Blickfeld beengt – wir befänden uns hier also nur in einem Rollenspiel auf verdichteter Schwingungsebene: würden wir uns dann nicht ganz anders verhalten?

Sind wir nun echte Psychopathen oder nur Schauspieler, die sie darstellen in einem Theaterstück, in dem wir unterschiedliche Rollen spielen, die wir in unseren verschiedenen Inkarnationen auch wieder wechseln, so daß wir

einmal den Schurken, dann aber das Opfer
verkörpern, worauf wir in weiteren Stücken in
andere Identitäten schlüpfen?

Nach solch einem irdischen Schauspiel, zurück
im jenseitigen Off, wischen wir uns die
Theaterschminke aus den Gesichtern (vielleicht
haben wir nur ein ätherisches Antlitz), und jeder
versteht sich mit seinen engelhaften Kollegen in
diesen höheren Sphären aufs Beste, wohingegen
Verbrechen, Unterwerfungen, Feindschaften und
Verbrüderungen bloß reine Fiktionen gewesen
sind, auf der Erdenbühne begangene Schein-
Greueltaten, keine tatsächlichen: Rollenspiele
zur Erforschung der eigenen Seele, zum
Kennenlernen unserer speziellen Abgründe und
Gipfel in den unterschiedlichsten
Konstellationen – wäre das nicht verrückt?

Vielleicht sind wir in Wahrheit alle aus einer
edlen Familie, Töchter und Söhne des – nenne es
Gott, Quantenfeld, Tao, Weltgeist oder
Simsalabim: adliger, hochwohlgeborener
Herkunft, miteinander versöhnt und verwandt.

Doch scheinen hienieden die meisten
Protagonisten ihre Rolle mit ihrer wirklichen
Identität verwechselt zu haben, sich für den
Bettler, Milliardär, Hurenbock oder Heiligen zu

halten, den sie im Diesseits nur spielen, scheinen sich ihrer höheren Wesensart nicht mehr erinnern zu können und identifizieren sich deshalb mit ihrem bloß dargestellten neurotischen Ego, verkörpern Liebe und Haß nicht mehr nur, sondern empfinden alles tief in sich selber, als ihren unmittelbar eigenen Anteil, wie wenn ihnen jemand ein Gift einträufelt hätte, einen Trank wie bei Tristan und Isolde, der sie in ihren Abgrund stürzte und dann in den Liebestod hinauf katapultierte, in dem sie selig vergingen – und sich wo wiederfanden: im Himmel, woher sie einst kamen?

Wir verstehen nicht mehr die Stimme des eigenen Herzens, folgen irrlichternd den Einflüsterungen tuschelnder Teufel, die sich verstohlen in uns hineingeschlichen haben: Parasiten, bandwurmartig in unserem Herzensbereich eingenistet, zur Schlangengrube entartet, und sie zehren von unserer Lebenskraft.

Das zu korrigieren, ist es nötig, wieder zu sich zu kommen, sich mit der Rolle, die man hier spielt, nicht mehr zu identifizieren, sich selbst von dem Schauspieler in einem Film mit Theaterblut und fiktiven Passionen zu trennen, das Ganze nicht weiter für realistisch zu halten, sondern für Spiegelfechterei auf einer Leinwand, nicht mehr in eingeredeten Schuldgefühlen zu versumpfen oder auch noch in Gedanken, Gefühlen und Taten zu vertieren, zu verrohen und gar noch verrückt zu werden – vielmehr sollten wir aufhören, zu glauben, wir könnten uns nie mehr zurück in Engel verwandeln, und hätten das Paradies für immer verloren.

Zurückzukehren in einen Zustand der Gnade, ist kein höherer Auftrag, sondern unsere eigene Sehnsucht, wieder Mitgefühl füreinander zu empfinden, Empathie für alle Menschen: in Fleisch gefangene oder gefallene Engel – uns daraus zu befreien und nicht mehr die schlimmsten Schänder auf Erden zu sein, gegen Natur, Pflanzen und Tiere, besonders aber gegen uns selbst, derartig grausam gegen die eigene Spezies, daß selbst ein Wolf im Vergleich zu uns fromm wie ein Lamm erscheint!

Wertschätzten wir andere wie uns selbst, benähmen wir uns ihnen gegenüber auf gleicher Augenhöhe, instinktiv richtig, würden sie uns auch respektvoll behandeln, und hätten wir am Verhalten der anderen etwas auszusetzen, sollten wir erst mal den Grund bei uns selber suchen.

Leeregefühl: eine Angstäußerung, nicht einfach in Liebesfülle umzuwandeln, obwohl beides aus derselben Quelle kommt, aber als gegensätzlich empfunden wird, wie wenn diese in freier Fontäne sprudelte und jene verstopft wäre, so daß sich unmittelbare Lebensfreude in zwanghafte Beklemmung verkehrte, in depressive Verstimmung – lieber tot, als das auszuhalten!

Das Richtige zu sehen, ist für den plötzlich Verstehenden deshalb so schwer, weil er bisher etwas Falsches für richtig gehalten hat – für den Gläubigen aber unmöglich, solange er an dem Unrichtigen festhält. Jemandem gehen erst die Augen auf, wenn er erkennt, daß er auf dem Irrweg war: für ihn eine erschütternde Offenbarung, ein Schock, alles zuvor Geglaubte revidieren zu müssen. Es verändert für ihn alles, als ob er in einem hochfahrenden Aufzug auf einmal zurück in den Schacht stürzt, wobei ihm das Herz stockt – es bleibt vielmehr über ihm in der Luft hängen, während er in den Abgrund hinabrast und ein Vakuum an der leeren Stelle in seiner Brust spürt!

Diese Leere füllt sich mit etwas, das ihm wie ein Wunder vorkommt, ihn von außerhalb anfliegt, und die Ängste zerplatzen wie leere Drohungen – der Schwarze Mann seiner Kindheit wird zur Witzfigur: Knecht Ruprecht, in dessen Sack die bösen Kinder gestopft wurden, hat sich bloß mit schwarzer Schuhcreme eingeschmiert!

Wahrheit befreit, selbst wenn sie vernichtet. Sie vernichtet ja nur die Falschheit und öffnet den Weg für ein anderes Wahrnehmen Das Wahre wird anders, spiegelverkehrt zum gängigen Denken erfahren: Heilige sind plötzlich Beelzebuben, getarnt als Seraphim, die sich ihre Engelsgesichter aus den Fratzen wischen und sich die Goldlockenperücken von den Hörnern reißen, während ihr glockenheller Gesang zu einem Kreischen zerreißt.

Wir sind mehr, als wir meinen. Wie wir uns mit dem Äußeren identifizieren, verlieren wir unser inneres Wunder aus dem Bewußtsein. Ständig Flüchtiges halten wir für das einzig Bestehende, unsere Wahrheit aber für ein Gespinst, uns selber entfremdet.

Alles verkommt zur Attrappe und zerbröselt: rinnender Staub durch die Engführung unserer Sanduhr. Überbewertete Raumzeit, angebetete Materie – Verstand ihr Gebieter: Götzentum, goldenes Kalb irdischer Güter, von uns wahnhaft umsprungen, für das wir Verbrechen begehen und wofür uns andere morden. Dem Fliegenkleber auf den Leim gegangen, grapschen wir nach nichtigen Werten, verkennen unseren echten Schatz, den wir für billigen Plunder versetzen.

Doch wir können uns nur oberflächlich verhökern, sind im Kern nicht zu verhandeln, geschützt von einer Liebe, wie das Kind von seiner Mutter, die bedingungslos zu ihm steht.

Wir können uns nicht selber Rechnen, Schreiben oder ein Handwerk beibringen, werden aber in Fehlsichtigkeit geschult, lernen philosophisches Schielen, politische Blindheit auf dem linken oder rechten Auge, dialektische Kurzsichtigkeit, überhaupt geistige Hornhautverkrümmung, nachdem unsere Ahnungen ausradiert wurden, überschrieben wie Palimpseste: jeder nun ein weißes Blatt Papier, eine Tabula rasa, ausgewischte Schultafel, leer wie unser eigenes Denken, eine jungfräuliche Marmorfläche für neu hineingemeißelte, unauslöschliche Schriftzeichen – Formeln einer künstlichen Realität.

In einer Wundergeschichte wurde der Blinde wieder zum Sehenden: hat Jesus nur seine toten Augäpfel berührt oder nicht vielmehr sein inneres Auge, was ihn aus seinen alten

Lügengebilden befreite, so daß er die Welt neu erblickte?

Dunkelheit ist kein Mangel an Licht, sondern an eigener Sehkraft.

Dachte ich früher, Wahrheit sei relativ, weil an die Perspektive gebunden, so erkenne ich heute, daß der persönliche Blickwinkel nicht ausschlaggebend für die Wahrheit ist, sondern nur die eigene Betrachtungsweise und Meinung beeinflußt.

Vielen kommt ihre Wahrheit einleuchtend, logisch, unumstößlich vor, und sie merken nicht, daß sie nur irrigen Informationen erliegen, die ihr Weltbild und Werturteil über alles manipulieren: Ingredienzien, aus denen sie sich ihr Süppchen kochen – ihre private Gerüchteküche.

Die meisten verhalten sich anderen so gegenüber, wie sie selbst nicht behandelt werden möchten, und ziehen daraus ein Gefühl der eigenen Überlegenheit, während sie nur ihrer Einbildung unterliegen.

Wie kann man sich richtig verhalten, wenn man sich selbst falsch einschätzt? Daraus ergibt sich doch nur die Fehlerquelle der eigenen Handlungsweise: stimmt das Selbstbild nicht mit der Realität überein, folgen zwangsläufig Mißverständnisse.

Todeswunsch: Lebenshaß.

Tod: größter menschlicher Irrtum. Leben: eigenes Wirken. Liebe: Gnadenzustand.

Daß es keinen Tod gebe, wie es in der Bibel heißt, bedeutet nicht, daß es ihn nicht trotzdem gibt, zumindest in der eigenen Einbildung, die doch die persönliche Wahrheit des Individuums ist, die allerdings wechseln kann, je nach den sich ändernden Bildern, die man sich dauernd von sich und der Welt macht. Allerdings ist es eine subjektive Wahrheit, so bizarr wie Träume, die wie Seifenblasen bei der geringsten Berührung mit der Wirklichkeit zerplatzen, die man im Schlaf jedoch für den Tod hält und vor der man deshalb so heftig zurückschreckt.

Wahrheit über sich selber hinaus gibt es nicht auf dem subjektiven oder objektiven Weg, sondern nur über eine höhere Bewußtseinsebene oder tiefere Innenschau.

Indem uns die (darwinistische) Wissenschaft auf eine Stufe mit den Affen zurückversetzt, gliedert sie uns ins Naturgesetz wieder ein, diesen grausigen Überlebenskampf von Fressen und Gefressenwerden: sie entfernt aus uns die Seele und pflanzt uns dafür Bestialität ein, die ständig gebändigt, niedergerungen werden muß, wollen wir in der Gesellschaft bestehen.

Die angeblich Vernünftigen stürzen uns in einen Dauerkrieg gegen uns selbst, statt uns zu Höherem zu verhelfen, rechtfertigen strenge Gesetze, zu deren Hüter sie sich aufschwingen, gaukeln uns vor, wir wären menschliche Tiere, behaupten, Affen seien unsere Vorfahren, um uns zu beherrschen, von unserem wahren Selbst abzuschneiden, das ihnen gefährlich werden könnte, würden wir es in uns erkennen und uns wieder darauf besinnen, wer wir eigentlich sind: wir fänden den Weg zurück zu unserem göttlichen Ursprung, zur wirklichen Herrschaft über uns selbst, fernab des Affentums, das sie uns aufgepfropft haben.

Nicht die Natur führte das Gesetz des Höllenfeuers ein, sondern entartete Menschen, die von dunklen Mächten besetzt sind und uns mit ihrer Bösartigkeit infizieren: schwarze

Missionare, die möglichst alle vereinnahmen
und unter ihre Kontrolle bekommen wollen.

Diese Welt ist gespalten in Wertungen und wir
alle vereinsamt, vereinzelt, aufgesplittert, jeder
in seiner wabenartigen Zelle. Es ist das
Blendwerk eines Regisseurs, der jeden in ein
Kostüm steckt, diesen in Purpur, jenen in
Lumpen, und auffordert, seine Rolle nicht nur
vor den anderen, sondern auch vor sich selber zu
spielen, so überzeugend, daß er sich mit seiner
Darstellung identifiziert und das, was er
eigentlich ist, völlig vergißt, weshalb das Ganze
zu einem Schauspiel der Heuchelei entartet, das
Wunder der friedvollen Gemeinschaft aus
unserm Bewußtsein verschwindet und die Lüge
anstelle der Wahrheit tritt.

Nur der Spielleiter profitiert vom allgemeinen
Betrug, hat die Fäden seiner Protagonisten in der
Hand: Marionetten, die nach seinem Willen
tanzen, Kreaturen, die sich ihm unterwerfen,
seiner Führung überlassen, vor seiner Allmacht
kuschen und seine Strenge als Gnade empfinden
– entmündigte Geschöpfe, über die er
willkürlich verfügt: er kann sie leben lassen oder
auslöschen und setzt sie als Soldaten gegen die
Letzten ein, die ihm noch Widerstand leisten.

Wir dienen falschen Göttern – nur das ist unsere Sünde.

Wir dürfen keinem fremden Gott dienen, nur uns selber, sind wir doch Teil von ihm, was wir in unserem Egoismus aber vergessen haben, auch daß jeder andere Göttliches in sich hat, weshalb wir uns respektvoll begegnen sollten, auf gleicher Augenhöhe: Könige behandeln sich untereinander auch nicht wie Bettler, sondern mit Hochachtung vor den anderen Gleichgestellten, die ihre eigene hohe Stellung spiegeln – eine Herabsetzung des anderen wäre die eigene Erniedrigung.

Als soziale Wesen brauchen wir zur Liebe ein Gegenüber. Narzißmus ist ihre pervertierte Spielart: als wollte man sein Spiegelbild umfangen und stoße dabei auf kühles, glattes, abweisendes Glas, das einen selber nur vortäuscht – als wollte man trotzdem sein Abbild lieben, das aber zerbricht und an dem man sich schneidet.

Wie zur Vermehrung zwei Geschlechter einer Art nötig sind, ist zur Bereicherung der eigenen Seele eine andere die Voraussetzung: das nötigt jeden, sich einem Du zu öffnen, sowohl aus Selbstschutz als auch, um den anderen zu behüten, mit dem man zu einer Einheit wird und dessen Leid man als das eigene empfindet. Nur wenn jeder vollkommen frei ist, gelingt ihre Beziehung: einer würde sich lieber für den anderen opfern, als ihn besitzen zu wollen – sein Schmerz wäre schmerzhafter als der eigene, und man nähme den des anderen auf sich, um um sich selber Linderung zu verschaffen.

Durch die Liebe werden wir gezwungen, unsere eigene Kapsel zu sprengen und auf den anderen zuzugehen. Wir schnallen unseren Panzer ab und liefern uns mit unserer schneckenartigen Nackt- und Ungeschütztheit dem Partner aus. Unsere jeweilige Selbstbezogenheit verwandelt sich in Zuneigung und gegenseitige Treue. Sich einem anderen hinzugeben, ist der erste Schritt des Verblendeten aus seiner Eigensucht: bisher verliebt in sein steriles Spiegelbild, erlebt er im anderen nun sein lebendiges Selbst.

Nichts ist zärtlicher, rührender, bewegender, tiefgreifender als die sanfte, einfühlsame Berührung des Partners, nackt, preisgegeben in seinen Armen, zur Hingabe bereit, ausgeliefert, verletzlich, vertrauensvoll, ihm gänzlich zugewandt: auf intimste Weise bewegend, intensiv, rein, liebevoll, aufgelöst und vereint in der Umarmung des andern.

Es geht nicht um Äußeres, Geld, Geilheit oder
Gefälligkeit für etwas anderes, sondern
ausschließlich um dich und mich selbst, du
Sonne meiner Welt, um die ich Planet kreise,
während ich dir dein Fixstern bin, du mein mich
selbst umkreisender Satellit, bis wir ineinander
verschmelzen, implodieren in ein höheres Sein.

Und jetzt übertrage man die eigene innigste
Zweisamkeit auf die gesamte Menschheit.

Stattdessen hat man ein völkerübergreifendes
Vergewaltigen daraus gemacht.

Die eine Ehrfurcht ist Respekt aus Angst:
Mafiabosse wissen sie zu bedienen.

Offenbarung: Erleuchtung – Zerreißen des
Mayaschleiers, der alles verdeckte, in
Dunkelheit hüllte, den Dämmernden in
Schlummer hielt, dem aber, hochfahrend,
Bewußtsein blitzartig aufstrahlt!

Die andere Ehrfurcht ist anbetende Liebe:
Göttliches offenbart sich in ihr.

Gott ist Liebe, Satan Haß, gegen den sie umso
himmlischer scheint: morgendämmernde

Lichtüberflutung erhebt sich aus stockfinsterer
Nacht.

Gott untersagte nicht aus Eitelkeit andere Götter,
sondern aus Liebe zu seinen Geschöpfen, wollte
sie vor Irrwegen und Leiden bewahren.

Niemand ist geringer als seine Mitmenschen, ist
doch jeder Abkömmling Gottes, weshalb es sich
erübrigt, ihm gleichkommen zu wollen: man ist
es bereits, und wer das nicht annimmt, entfernt
sich von ihm.

Kniet der Liebende aufrichtig vor seiner
Angebeteten nieder: was sollte daran lächerlich
sein?

Vielleicht verzettelt man sich in Sex aus einem
erotischen Mangel heraus, dem Bedürfnis
danach, das einen nicht losläßt, weshalb man bei
der ewigen Suche nach Befriedigung wie am
Fliegenfänger zappelt.

Bedürfnis nach etwas: eine Mangelsituation.
Wer Durst hat, braucht Wasser, wer Hunger,
Nahrung. Wer sich aber nach Liebe sehnt, lebt
außerhalb seiner selbst oder erkennt nicht die
ihm entgegengebrachte. Oft begnügt er sich mit
einem Ersatz, wird dadurch nur noch

bedürftiger, was Suchtformen annimmt, und droht schließlich in Drogen zu versinken.

Viele sehen nicht das, was ist, sondern was sie glauben, und halten es für den echten Ist-Zustand: tatsächlich fühlt es sich felsenfest an. Sie leben im Wirklichkeitswahn, der für sie die Wahrheit ist, kommen da nicht mehr heraus und sterben mit der Vorstellung, nie die Realität verlassen zu haben, die bloß ihre Einbildung war.

Manchmal wird man in seiner Sichtweise korrigiert, nicht aus eigener Kraft, sondern durch einen brutalen Schicksalsschlag, der die Glasglocke, unter der man sich eingerichtet hat, zerschmettert, und wer unfähig ist, sich den verwüsteten neuen Bedingungen anzupassen, zerbricht oder stirbt.

Wer überlebt, ist flexibel genug, aus der Vernichtung seiner untergegangenen Welt hervorzugehen. Er flüchtet sich entweder in eine andere Scheinwirklichkeit oder gelangt ins Erwachen und reibt sich die Augen, erstaunt, seinen bisherigen Weg jetzt als Holzweg zu erkennen, der ihn in einen pfadlosen Wald führte, in dem er sich verlaufen hat. Das einst festgefügte Weltbild ist plötzlich zerbrochen, und aus den geborstenen Trümmern schimmert etwas herauf, das er für reflektierendes Licht hält, da er nicht auf die Idee kommt, es könnte ein jenseitiger Widerschein sein.

Hat er Glück, begegnet ihm nun ein Mensch, für den er früher nie offen gewesen wäre. Im Nachhinein ist er froh über die Katastrophe, durch die er ihm zugeführt wurde: es entschädigt ihn für alles und gibt ihm das Gefühl, jetzt überhaupt erst zu leben.

Der Handelnde strebt, der Zufriedene lebt. Der Tatkräftige jagt einem Reichtum hinterher, doch der Untätige hat bereits, was er braucht, ist ungebunden, gelassen und von keinem Besitz besessen. Der Gierige kann hingegen nicht aufhören, weiteren anzuhäufen und sich ihm zu unterwerfen – doch es zehrt ihn aus, macht ihn freudlos und krank vor Sorgen macht: das Polster seines Wohlstands, als Puffer gegen die Not gedacht, hat sich in einen Stein um seinen Hals verwandelt, der ihn hinabzieht.

Loslassen: das große Geheimnis. Wer festhält, verliert, was er umklammert.

Der Entomologe tötet gefangene Käfer, Libellen und Schmetterlinge, spießt sie auf und stellt sie in Glasvitrinen aus. Mit erstarrten Facettenaugen glotzen ihn die Mumien von Insekten durch die Scheiben an, zu deren Aussterben er mit seiner Sammlerleidenschaft vielleicht beigetragen hat, einer Liebhaberei für die Trophäen solcher Prachtexemplare, die sich als sinnloses Horten von leblosen Chitinhüllen entpuppt.

Die Bedingungen annehmen, die einem begegnen, sich nicht mehr von ihnen beherrschen, sondern inspirieren lassen und spontan auf sie eingehen. Unverhofftes passiert und neue Wege öffnen sich dem, der den Ballast des Vergangenen abwirft und vorurteilslos ins Gegenwärtige eintaucht.

Die Gehetzten mit leeren oder gequälten Gesichtern: wie leid sie mir tun. Dagegen die frei Herumgaukelnden: neugierige Kinder – Schmetterlinge, von Blüte zu Blüte, geleitet von Düften und Farben, belohnt mit dem süßesten Nektar.

Auftretende Hindernisse nicht als Ärgernis, sondern als Herausforderung für die eigene Kreativität nehmen: spielerisch gestellte Aufgaben, umso lehrreicher, je kniffeliger sie sind – das spornt an und fordert die eigene Gewitztheit heraus. Das Ergebnis offen und sich

überraschen lassen von dem, was herauskommt,
statt verbissen ein Ziel anzuvisieren, ärgerlich,
wenn es verfehlt wird, und nur noch fanatischer
darauf fixiert.

Entspannt und zufrieden mit dem sein, was
eintrudelt, macht dankbar. Augenblicke: kostbar
mit ihren unterschiedlichen Ingredienzien –
Kostproben für den Gourmet, der seinen
Geschmack schließlich hat, um zu genießen,
nicht um auszuspucken!

Die Hand sensibel gebrauchen zum
liebkosenden Tasten – nicht zum wütenden
Ballen der Faust und Zerschmettern der
Knochen des Gegenübers!

Annehmen, ohne anzuhaften, macht souverän –
aus dem Diener einen Herrscher: unabhängige
Bejahung.

Furcht: ein unwahrer Zustand. Sie geht von einer
angsteinflößenden Erwartung aus, die nicht
wirklich ist, aber echt erscheint – hat keinen
verifizierbaren Grund, wird uns vielmehr
eingejagt, was uns gefügig, gehorsam macht,
kleinmütig: unseren Mut klein hält, uns bedroht,
wenn wir aufbegehren gegen eine fremde,
unheimliche Macht, die uns Schutz für unsere

Willfährigkeit verspricht, allerdings ohne
Gewähr.

Nur unser selbstermächtigtes Bewußtsein befreit
uns aus der Bevormundung und hat unsere
Rebellion gegen uns aufgenötigte
Knebelverträge zur Folge, erlöst uns vom
geistigen Stachelhalsband, das uns sticht, die
Luft abschnürt, sowie wir uns von der
vorgegebenen Norm entfernen.

Gebote sind nichts als Angstmache, um uns kirre
zu halten, einem Gebieter zu Willen zu sein, der
nicht unser Wohlergehen, sondern eigene
Interessen im Sinn hat und uns dauernd in
Furcht hält, die uns wie faulige Luft entweicht:
nicht von ungefähr heißt der Angsthase auch
Schisser, sitzt ihm die Angst doch wie
Blähungen in den Gedärmen und flatuliert sie
stinkend heraus, wird sie gereizt – auch behilft
sich unsere Natur damit, uns bei Panik
einscheißen zu lassen, um Ballast loszuwerden
und uns zur Flucht leichter zu machen.

Es ist zum Verzweifeln, die meisten in ihrer
Sklavenmentalität verharren und gegen die
wüten zu sehen, die sie aufrütteln wollen. Statt
daß die Irregeführten ihre echten Gegner
erkennen, übertragen sie die Gefahr, die von

ihnen ausgeht, auf jene, die sich bemühen, sie aus ihrem Dornröschenschlaf zu reißen, was umso schmerzlicher für die Wachen ist, als sich unter den Träumenden auch ihre Liebsten befinden, die sie nicht vor der Bedrohung schützen können, in der sie sich befinden, da sie ihre Rufe nicht hören oder in den Wind schlagen, gar aggressiv werden gegen die Warnenden, die sie beschuldigen, sie zu beirren, und als ihre wirklichen Feinde betrachten, bereit, sie zu verstoßen, selbst wenn es die eigenen Angehörigen sind, die ohnmächtig verstummen und im stillen die Hände ringen.

Sie sind vereint, wir aber vereinzelt, auseinandergesprengt nach der Devise: Teile und herrsche. Haben die Usurpatoren auch keine Gewalt mehr über uns, so doch über sie, die Macht über uns haben, unsere Liebsten, die gegen uns aufgehetzt werden, ohne daß wir uns wehren können, und wir müssen sie ihren Jägern überlassen, die schon mit Giftpfeilen nach ihnen schießen, die sie für eine Mitgift dafür halten, daß sie den Bund mit ihnen eingegangen sind – oh, diese Doppelbedeutung von Gift: Toxikum und Geschenk!

Der Angst mit vollkommener Liebe begegnen? Unmöglich für den, der letztere einfach nicht fühlt. Verurteilt es ihn, nicht im Besitz der Wahrheit zu sein? Und wie soll man den Nächsten wie sich selbst lieben, für den man gar nichts empfindet? Ihm gar noch die andere Wange hinhalten – wie dreist: paß auf, ich polier dir die Fresse!

Christentum: Religion der Ausrottung des Heidentums. Darwinismus: Theorie vom Recht des Stärkeren. Freudianismus: Psychologie vom Unterbewußten als Fäkaliengrube. Marxismus: Utopie materialistischer Steinzeitkommunisten. Geht mir mit euren Pfaffen und Theoretikern!

Mitten im Umzug: das Leben zur Müllkippe verkommen, auseinandergerissen, ein Trümmerhaufen. Schmutz und Vergilbtes tritt zutage, Faules, Verwestes – längst überwucherte Traurigkeit.

Statt Aufbruchstimmung, Abbruch des Alten: ab auf die Zeitdeponie. Ängste, Schwermut entsorgen, während das bisherige Ich noch strampelt und zetert. Es fühlt sich bedroht kurz vor seiner Auflösung, eitert im Sterben, und Mehltau legt sich auf das erlöschende Leben: rieselnde Asche, Überrest einer vergangenen Glut, alles verschlingende Agonie – wäre es doch schon vorüber!

Alkohol, eine große Gefahr. Schmerz verlangt nach Betäubung. Nur Depression hinterher schreckt davon ab. Kaum erträgliche Angst im agnostischen Zustand – nicht mal den Schädel kann man sich einrennen oder gar in den Schlaf vor dem Alptraum des Wachzustandes entkommen!

Intensive Momente, dem Dasein ganz nah. Geschrumpft auf die kleinstmögliche Ausdehnung, zusammengedrückt auf eine Nadelspitze der Qual: Tausende Teufel sollen Platz darauf finden – selbst hier ein unendlicher Mikrokosmos!

Unentwegt hinabführende Negativspirale, immer tiefer ins Elend hinein: die Nadel in der Rille einer Schallplatte bewegt sich aufs Zentrum zu, den Höllenmittelpunkt, erreicht ihn aber nicht, bleibt kurz davor in einer Endlosschleife hängen, schlimmer als das schwarze, rotierende Loch – schwebender Zustand des Grauens.

Sprung in der Platte: die Nadel entgleist aus der Rille, in die gegenläufige Bewegung, immerfort aufwärts, einer himmlischen Sphärenmusik zu, die mich mit Glücksklängen erfüllt, die Schwermut auflöst, bis ich erwache: noch versuche ich den Trick mit dem Stimmungswechsel beizubehalten, zurück in den Schlaf umzuschwenken – umsonst, und das Jubilieren verebbt.

Wichtig, mit sich in Übereinstimmung zu gelangen, aber schwierig, das installierte Programm aus sich herauszubekommen, die Angst, diesen Wachhund, der einen immer wieder in die mentale Hürde zurücktreibt.

Schäferhund, Wächter der Schafe, die, blökend vor Panik, davonlaufen, dorthin, wohin sie sollen, ins Programm ihres Herrn, bloß ein Kreidestrich auf dem Pflaster: ein Tabu – keine leere Drohung, solange der Hund nicht ebenfalls als Attrappe entlarvt wird, von der sich die Schafe einschüchtern lassen.

Eigentlich sind wir anders als unsere Identität, die nur virtuell ist: nichts – doch solange sie funktioniert, läuft sie ab wie ein Computerprogramm mit regelmäßigen Updates auf unserer Festplatte, mit AGBs, nicht von uns geschaffen, aber wir haben ihnen bedingungslos zugestimmt.

Selbst wenn wir begreifen, schlüpfen wir noch lange nicht aus unserem Schafsfell, ebenso

wenig wie unser Wachhund aus seinem
Wolfspelz: er paßt weiterhin auf, daß sich kein
Schaf das Virus der Renitenz einfängt, das sich
auf die anderen übertragen und einen Aufruhr
auslösen könnte, so daß der Computerspielleiter
das Programm resetten und neu starten müßte.

Oder wir sind, erwachend, eine Ebene
weitergekommen: haben wir dann die höhere
Bewußtseinsstufe erreicht und den Kindergarten
verlassen?

Das Gebet ist ein Gebitt, unser Herr Gott möge
unsere kindischen Wünsche doch bitte erfüllen.

Depressionen versteinern den von ihnen
Befallenen oder treiben ihn aus seiner
Komfortzone: ein Muspott – süßer Morast, in
dem wir, hineingefallene Insekten, immer tiefer
versinken. Steckt in „Morast" nicht auch
„Moor", „Moritat" und „Moral"?

Barbarisch, Barbarei mit Barbarei auszutreiben!

Unser Denken erschafft unsere Wirklichkeit.
Wollen wir sie ändern, sollten wir nicht sie zu
korrigieren versuchen, sondern umdenken.

Negative Erfahrungen und Gefühle verleiten zu
Einseitigkeit und Fehleinstellung zu unserer
Realität. Das führt zur Angst: Hinweis darauf,
daß etwas nicht stimmt – Seismograph für das
Falsche. Nur die Richtigstellung, also der Blick
auch auf das Ausgegrenzte, hebt die Furcht auf:
sie verblaßt und erlischt mit der Wahrheit –
Licht, das die Dunkelheit wegschnippt.

Unwahrheit ist nicht das Gegenteil von
Wahrheit, sondern falsche Wahrnehmung. Bei
Fehlsichtigkeit gibt man auch nicht der Umwelt
für ihre Verzerrung die Schuld, sondern den
Augen.

Angst besiegen wir mit Vernunft und
Besonnenheit, nicht mit kopfloser Hektik, die sie
nur noch anschwellen läßt, in Panik steigert.

Wohltat ohne Gefühl: Pseudomildtätigkeit,
lediglich ihre Verkleidung oder eine Tarnung für
verdeckte Absichten.

Fehler beseitigen wir erst im Geist, dann durch
Taten, indem wir das Echte erkennen, das
Aufgepfropfte abstoßen und unser Handeln neu
ausrichten können.

Fremdes in uns hat keine Verbindung mit unserem Herzen: unser wahres Bewußtseinsorgan – oft verschüttet oder von außen zugemauert.

Wir stecken nicht mit anderen, sondern mit uns selbst in Konflikten. Tue ich Unrecht, unterdrücke ich mein Gespür für das Rechte. Daraus ergibt sich ein Streit – mit dem Teil meiner selbst, den ich mundtot gemacht habe. Die dabei entstehenden Schuldgefühle übertrage ich auf den, der sie in mir erzeugt: *er* ist für mich das Böse, das eigentlich nur spiegelverkehrt in mir ist.

Vordergründig erscheint vielen das Richtige falsch und das Falsche richtig, und sie handeln meistens danach. Hintergründig deuten Symptome darauf hin, daß es nicht wahr ist, etwa Frust, Depression, Freudlosigkeit, Gefühlskälte – doch man bringt es damit oft nicht in Verbindung, und es greift auf das Somatische über.

Unseren Selbstbetrug nähren wir ständig mit eigenen Energien, um ihn aufrecht zu erhalten. Dabei verausgaben wir uns so sehr auf Kosten unseres wahren Wesens, daß es zur Winzigkeit schrumpft und, überwuchert von Täuschungen,

kaum noch zu erkennen ist – doch indirekt
äußert es sich in unserem wachsenden
Unbehagen.

Die Wahrheit, bis auf ihren Kern fast gänzlich
zusammengeballt, läßt sich so wenig wie ein
unter Wasser gedrückter Ball für immer
verdrängen und springt einem irgendwann
explodierend ins Auge, so wie der unten
gehaltene Ball aus dem Wasser schießt.

Die größte Angst ist die vor der Aufdeckung der
Lüge, die das wahre Wesen verleugnet und das
Ich im eigenen Körper dafür ausgibt: eine von
außen aufgepfropfte Person, mit der es sich
identifiziert, während sein Selbst, im
Unbewußten versenkt, sich nicht mal mehr
wahrnimmt – erstarrt in der Daueranstrengung,
diesen Schein von sich aufrechtzuerhalten. Doch
die Versteinerung bröckelt allmählich, bekommt
Risse, in denen Samen von innen her aufkeimen,
die die Kruste sprengen wie maroden Asphalt.

Wer in Panik stirbt, verläßt sein Leben in großer
Unehrlichkeit. Aus seinem Körper getrieben,
entsetzt ihn die Leere, die wie eine schwarze
Wand vor ihm aufragt. Hingegen, wer voller
Jenseitsgewißheit hinüberwechselt, läßt freudig
die verlassene Hülle zurück, seinen meist von

Krankheit verwüsteten Leib, ein zuletzt unerträglich gewesenes Gefängnis, aus dem die Seele in höchster Not endlich ausbrechen kann, umso glücklicher, je schlimmer es war.

Unwahrheit: das Unübereinstimmende, wie Krankheit eine aus der Balance geratene Gesundheit ist.

Wer seinen eigentlichen Wünschen zuwider lebt, gerät in sich steigerndes Leid. Um den Schmerz zu betäuben, verdrängt er ihn und mit ihm die Lebensfreude, weshalb ihm alles so grau und leer vorkommt.

Wünsche: Ausdruck der eigenen Wahrheit. Sie zu unterdrücken: Versündigung an sich selbst. Wer sich nichts mehr wünscht, ist schon erkrankt: befallen von fremden Kräften, die ihm die Energie aus den eigenen Wurzeln ziehen.

Richtiges Wollen ist gut, übereinstimmend mit dem wirklichen Leben. Blumen erblühen in ihrer Vollkommenheit: ihr Willensausdruck. Werden Pflanzen gedüngt, abgebunden, ihnen andere aufgepfropft oder mit fremden gekreuzt, hat sich etwas ihrer bemächtigt, werden sie umgezüchtet, zu Nutz-, Zierpflanzen oder Monokulturen degradiert, die nicht mehr aus eigener Kraft in der Natur überleben können, sondern von pflegenden Gärtnern und Bauern abhängig sind – wie hilflose Kinder: entmündigt, in die Obhut von Pädagogen und Lehrern gegeben, geistig und seelisch vergiftet, domestiziert, manipuliert, abgebunden, gepfropft und gekreuzt, sich selbst so entfremdet, daß sie völlig sediert sind in einem System, das sie beherrscht, kontrolliert, innerlich auslöscht und zu künstlichen Wesen verkrüppelt.

Angst und Wut: Paralyse der Vernunft. Ist sie deaktiviert, läßt sich der Mensch von außen willkürlich steuern, weshalb Frust, Selbstzweifel und depressive Verstimmung ihn verheeren, Leiter für Haß und Aggression gegen andere, Nährboden für Schuldgefühle, Ressentiments: Negativspirale bis zur Bereitschaft zu Mord oder Selbstverstümmelung, nur durch Liebe ins Positive umzukehren – aber woher soll sie kommen?

Liebe zum Dreckigen, Stinkenden, Ordinären – Rülpser und Fürze als Begleitmusik. Viehisches, das zum Lachen reizt, Anstand zum Kotzen, während Sauberes abstößt, man sich allein im Schmutzigen wohlfühlt, wie Asseln und Maden im Abfall, Spinnen in staubigen Winkeln: Ungeziefer, wesensverwandt mit der eigenen

Niedrigkeit, obwohl man doch ursprünglich
engelhaft war – woher nur der Sturz?

Unehrlichkeit gegen sich selbst führt auf
Abwege: Verlockung zu Dingen, die sich nicht
gehören, aber verführen, sie zu ergreifen.
Schnell vergeht man sich, ist leicht der Untat
verfallen, wird zum Spießgesellen des Bösen,
das seinen Tribut einfordert – von Suchtmitteln
gar nicht zu reden!

Absurd, wenn mein Wille nicht mehr mir,
sondern einem fremden Willen gehorcht, der mir
zugleich suggeriert, mein eigener Wille zu sein –
was ja nicht selten der Fall ist.

Angst: Panik, ausgelöst durch innere Spaltung –
gibt's überhaupt noch ganze, in sich ruhende,
furchtlose Menschen?

Zwar sind wir nicht Gott, aber doch göttlich,
teilen wir seinen Willen – wenn nicht, verstößt
er uns wohl nicht, liebt er uns doch
bedingungslos. Doch wir fallen von uns selber
ab: der Teufel in uns treibt einen Keil zwischen
uns, wickelt uns ein in sein Spinnennetz und
lacht sich ins Fäustchen.

Angst: Kopfsache, die uns die eigene Zerrissenheit vorgaukelt – nur im Geiste wieder zu heilen, indem man nicht mehr Krieg gegen sich selber führt, sich weigert, die Seite der spaltenden Kräfte zu teilen, sondern wieder zu sich zurückfindet, seinem eigenen Wesenskern, wozu der Wahn von einem fallen muß, damit man die zehrenden Bandwürmer in sich erkennt, die einen von innen her verschlingenden Schlangen: Schmarotzer, die zerfallen wie Vampire bei einfallendem Licht.

Nicht zu lieben, ist keine Unfähigkeit dazu, sondern die Verweigerung der Liebe, ausgelöst durch schlechte Erfahrungen, enttäuschende Erlebnisse, vor denen man sich künftig schützen möchte, weshalb man sich vor anderen verschließt, seine Gefühle für sie einfriert, die einem gefährlich erscheinen: Einfallstore für feindliche Eindringlinge, gegen die man sich wappnet, bis man in seiner Abwehrhaltung zu einer einzigen Trutzburg erstarrt, zu seinem eigenen Gefängnis wird, in dem man lebendig begraben ist.

Wer gegen sich opponiert, begeht eine Lästerung gegen sich selbst.

Meist wollen wir das Wollen fremden Wollens, halten es für das eigene, spüren nicht das Falsche dabei, nur etwas Befremdliches, das wir aber für den eigenen Fehler halten, weil wir immer noch gegen das gewollte Wollen als etwas Feindliches rebellieren, weshalb wir noch wilder gegen uns selber kämpfen, die Zähne fletschen und uns wie ein Terrier ins eigene Fleisch verbeißen.

Unsere Angst wird von außen geschürt, um uns den eigenen Willen zu nehmen und uns einen fremden aufzudrängen, bis wir ihn als den eigenen akzeptieren, ohne zu begreifen, daß wir bloß ferngesteuert sind und Dinge machen, die wir in wacher Eigenverantwortung nie tun würden – aber so verteidigen wir unser selbstzerstörerisches Handeln gegen uns selbst.

Angst entsteht, wo man uns von uns abspaltet und etwas anderes an unsere Stelle setzt, das sich gegen unsere ureigensten Interessen richtet, unser Eigen- in ein Fremdbedürfnis verkehrt, so bedrohlich, daß es uns wehrlos macht: eine immer fester zugezogene Fessel, die uns zusammenschnürt, noch das Letzte aus uns herauspreßt, und der wir nur durch Erkenntnis, das Abstreifen der Augenbinde, entkommen – nur haben die Energieräuber, die von uns leben, unser Bewußtsein völlig vernebelt und tun alles, es im Koma zu halten, weshalb wir kaum in der Lage sind, eigenständig daraus zu erwachen, zumal die Angstmache ihre wirksamste Waffe gegen uns ist.

Gedanken sind Ursachen von Wirkungen. Weil sie mentaler Art sind, meinen wir, sie können im Materiellen nichts ausrichten – dabei ist es aus dem Geiste entstanden, nicht aus sich selbst. Auch was uns von anderen eingegeben wird, uns nicht mal bewußt ist, wirkt sich auf unser Leben aus, beeinflußt und lenkt es mehr als wir selbst.

Haben wir Rachegedanken, spielen wir mit einem gefährlichen geistigen Messer, das wir für harmlos in der Annahme halten, es könne ja nicht wirklich schneiden, obwohl Gefühle auch unser Handeln bestimmen, es manipulieren, Energien ausstrahlen, die sich auf unser Dasein auswirken, selbst wenn wir unser Vergeltungsbedürfnis nicht ausleben: es färbt ab auf unsere Präsenz, überträgt sich als Aura auf andere, kehrt zu unserem Nachteil zurück und zieht uns ohne eigenes Zutun hinab. Haben wir dagegen liebevolle Gedanken, schweben wir geradezu und schwingen mit unserer Umwelt, die uns einhellig begrüßt: statt mit verkniffener

Miene Gegenhaß auszulösen, blicken freundliche Gesichter auf unser Lächeln zurück. Haben wir Rachegedanken, spielen wir mit einem gefährlichen geistigen Messer, das wir für harmlos in der Annahme halten, es könne ja nicht wirklich schneiden, obwohl Gefühle auch unser Handeln bestimmen, es manipulieren, Energien ausstrahlen, die sich auf unser Dasein auswirken, selbst wenn wir unser Vergeltungsbedürfnis nicht ausleben: es färbt ab auf unsere Präsenz, überträgt sich als Aura auf andere, kehrt zu unserem Nachteil zurück und zieht uns ohne eigenes Zutun hinab. Haben wir dagegen liebevolle Gedanken, schweben wir geradezu und schwingen mit unserer Umwelt, die uns einhellig begrüßt: statt mit verkniffener Miene Gegenhaß auszulösen, blicken freundliche Gesichter auf unser Lächeln zurück.

Angst ist die Gegenkraft der Liebe, die ein Urgefühl ist, natürlich, uns wesensgemäß, rein aus uns quellend, wird sie nicht verkehrt, in Haß pervertiert: Liebe, sein einziges Gegenmittel, ist mehr als die Einbildung romantischer Träumer, zu der man sie gern höhnisch herabsetzt.

Ein nicht traumatisiertes, seelisch unbeschädigtes Kind begegnet seiner Umwelt mit Neugier, Freude, Zuneigung und Mitgefühl.

Abneigung, Wut oder Zerstörungslust
entsprechen nicht seiner Ursprünglichkeit,
sondern verraten Verletzungen, eine verwundete,
sterbende Seele: aggressive Impulse –
Reaktionen auf destruktive Angriffe.

Angst ist weder durch Abwehr zu meistern, noch
durch Gegenangst zu bekämpfen, wird dadurch
vielmehr noch größer, wie Gewalt durch Gewalt
zunimmt, verheerende Machtfülle bekommt,
sich nur noch in Raserei erschöpfen kann und
sich gegenseitig vernichtet.

Schmarotzer und Krebszellen fallen sich selber
zum Opfer. In ihrer unersättlichen Gier bringen
sie das Wirtstier um, von dem sie leben. Auch
Angst ist ein seelischer Bandwurm und frißt uns
innerlich auf, bis nur noch unsere Hülle
übrigbleibt, in der sich der blanke Horror
einnistet. Doch der Parasit kann sich nicht von
seinem Fleische ernähren und muß verhungern,
sich im eigenem Grauen verzehren.

Nicht die Angst muß besiegt werden, sondern
die Liebe gefunden.

Angst ist nicht in der Liebe, die nicht in der
Angst ist, sondern sich auf höherer
Schwingungsebene befindet.

Angst kann Liebe verdecken, wenn man es zuläßt. Dann verdunkelt man sich, schließt sein hellsichtiges Auge und sieht mit der Blindheit der Angst ewige Finsternis.

Angst haust in der Einbildung, hat sich als Irrtum in ihr festgesetzt. Liebe bewahrt uns davor – in „Bewahren" steckt „Wahr", wie die Liebe es ist, auch „Verwahren": Schutz vor verletzender Lüge.

Für den an seiner Einbildung Festhaltenden ist Wahrheit Irrglaube.

Oft erleben wir die Unwahrheit so sehr als richtig und die Wahrheit als falsch, daß wir die Wirklichkeit für Blödsinn und die Lügen für Realität halten.

Einbildung: Kinoleinwand, auf der wir gefesselt die Handlung verfolgen, während wir uns selbst völlig vergessen..

Spannendes: unsere Realität, die uns aber langweilt – langweilige Märchen: Fiktionen, die uns in ihren Bann ziehen.

Angst tötet zwar nicht, saugt aber den aus, den sie umklammert. Der von ihr Besessene dient ihr als Energieträger, den sie eingeritten hat, und sie gibt ihm die Sporen (Panikattacken), hält ihn im Zaum mit ihrer Drohgebärde, die sie ihm übergeworfen hat, erschreckt ihn vor allem, was ihn ermutigen könnte – bäumt er sich trotzdem auf, bekommt er ihre Peitsche zu spüren. Röchelnd von der Kandare im schäumenden Maul, knickt er ein vor Entsetzen, unfähig, ihre Scheuklappen abzuschütteln, die Gebißstange auszuspeien, gar zu bocken, die Fürchterliche abzuwerfen, die ihm im Nacken hockt, auf die Felsklippen zutreibt, und gelingt es ihm nicht, ihren Klammergriff doch noch zu sprengen, sich gegen das eigene Grauen zu wenden, stürzt er in sein Verderben!

Den Bandwurm reißt man sich so wenig durch einen Griff in den eigenen Anus aus seinem Gedärm, wie den Horror aus seinem Herzen, indem man sich die Brust aufbeilt und es herrausreißt – sondern nur durch die Rückverwandlung des Selbsthasses in die liebevolle Eigenverantwortung.

Erkennen: ein Er kennen – sich als ein Er kennenlernen, oder die Gewißheit (ein Wissen) von etwas außerhalb von sich selber bekommen, es begreifen, be-greifen, geistig in den Griff kriegen, er-fassen, verstehen.

Wahrnehmen: Wahres aufnehmen, etwas unverfälscht, authentisch durch die eigenen Sinne, gekoppelt mit Verstand und Gefühl, erkennen – sich seiner selbst innerhalb der eigenen Möglichkeiten bewußt werden.

Begutachten: etwas gut beachten, seine beste Aufmerksamkeit darauf konzentrieren, um zu einer möglichst echten Einschätzung darüber zu gelangen. Das „gut" in dem Wort meint die Qualität der Betrachtung: „Beschlechtachten" wäre das Gegenteil davon.

Wahrnehmung: persönliches Erkennen von etwas, das wir für richtig halten, egal ob es stimmt oder nur eine „Falschnehmung" ist. Uns erscheint es als wahr, und wir gehen vom objektiven Erkenntnisgehalt unserer Betrachtung aus. Je gewisser wir uns sind, desto weniger hinterfragen wir unsere Überzeugung. Doch bei aller subjektiven Korrektheit ist es nur ein von uns gesetztes Axiom, eine eingebildete, postulierte Grundsätzlichkeit, kein echtes Fundament, nicht verifizierbar, ob es auch wirklich Bestand hat. Es würde unsere Kapazitäten sprengen, das eindeutig,

unwiderlegbar zu klären. Hier berühren wir
Glaubensgrenzen und verlassen festen Boden,
den uns keine Wissenschaft bietet. Unsere
Wahrnehmungen sind bloß Eindrücke, fußen auf
unseren Vorstellungen: ganze Gedanken- und
Wissensgebäude schweben im luftleeren Raum
oder hängen in der dünnen Luft abstrakter
Theorien, die so wenig tragen wie selbst
dichtester Nebel – Tasten nach Schemen im
Nebulösen von philosophierenden Narren.

Es ist wie ein Spiel, eine Fiktion, ein
Glaubensbekenntnis, dem gehorchen zu müssen
den meisten ein unanzweifelbarer Tatbestand ist.
Über ihren eigenen Horizont hinaus wollen sie
nichts wissen. Sie weigern sich, darüber auch
nur zu spekulieren, haben keinen Schlüssel zur
höheren Ebene, einer Welt jenseits von dieser
konkreten – ein Tabu: jede Beschäftigung damit
lehnen sie ab, und wer sich doch darauf einläßt,
gar daran glaubt, ist für sie ein Abtrünniger.

Wahrnehmung: subjektive Erfassung durch
unsere Sinne, die uns Reize übermitteln,
unserem Verstand, der Interpretationen dafür
liefert, und unserem Gefühl, das alles emotional
einfärbt. Doch kommt unser
Wahrnehmungsvermögen nicht über enge
Grenzen hinaus, wodurch unser Bewusstsein

getrübt ist, fast blind, was uns auf Abwege
bringt, dem Irrtum Tür und Tor öffnet.

Die meisten Lehren pochen auf ihren
Wahrheitsgehalt, aus tiefster Überzeugung oder
in Betrugsabsicht. Jedenfalls werden ihre
Anhänger getäuscht, in ein Weltbild gezogen,
das es ihren Gurus ermöglicht, sie zu
unterwerfen, auszubeuten und ihre Macht über
sie aufrechtzuerhalten.

Erkennen: die Allgemeingültigkeit eines
Systems als unwahr durchschauen, ihm auf die
Schliche kommen, seine falschen Prämissen
enttarnen, den anderen die Falschheit aufzeigen,
sie aufwecken, aus ihrem Tiefschlaf reißen und
den Betrügern den Boden entziehen!

Der Aufgeweckte ist ein Gewitzter, lehnt die
herrschenden Regeln ab: für die anderen ein
Sakrileg, die ihn zum Feind, gar Teufelsanbeter
erklären, ihn verdammen, verfolgen und ein
Exempel an ihm statuieren, allen zur Warnung
und Abschreckung.

Wahre Wahrnehmung: kein Apriori im Vakuum
– echtes Erkenntnisorgan, das Schleier, Nebel,
Filter, Phantasiegebilde durchdringt: eine Gnade
von höherer Stelle, Weisheit, Erleuchtung

innerhalb unserer Welt, in der es jedoch sicherer ist, diese Gabe zur Hellsicht für sich zu behalten.

Die meisten gehen den offiziellen Wahrheiten auf den Leim. Selbständiges Denken und Fühlen wurde ihnen systematisch aberzogen. Manipuliert, falsch informiert, in ihrer ursprünglichen Wahrnehmung verstümmelt, durch Angst terrorisiert und hypnotisiert, haben sie nie gelernt, auf ihre eigene innere Stimme zu hören, sie überhaupt wahrzunehmen. Stattdessen folgen sie bedingungslos ihren Herren, halten Widerstand für Hochverrat, gar Blasphemie und verfolgen ihrerseits jeden Aufsässigen unter sich.

Unsere Führer erheben göttlichen Anspruch oder haben Gott kurzerhand abgeschafft und sich an seiner Stelle inthronisiert, alte Mythen und Sagen mit ihrem agnostischen Materialismus ersetzt, die Glasglocke ihrer absoluten Gewalt über uns gestülpt und uns in das Gefängnis der Immanenz gesperrt, in dem wir seelisch ersticken: kein Klang oder Hauch von anderen Sphären dringt zu uns. Das luftdicht verplombte Ende der Welt lastet als Himmelskuppel rings um uns auf dem Horizont. Wer seine Siegel beschädigt, die Wölbung verschmutzt oder

zerkratzt, wird verfolgt, gefoltert, verbrannt und
für immer aus dem Gedächtnis gestrichen.

Stumpf hausen die Unken in ihrem stinkenden
Krötenbrunnen und halten ihn für die beste aller
Welten. Frevelhaft käme es ihnen vor, sich auf
Wanderschaft zu begeben und klare, quellfrische
Gewässer aufzusuchen.

Illusion: Wahrheitstäuschung. Ent-Täuschung:
Des-Illusionierung. Der erste Schritt dazu ist das
Hinterfragen, der nach Auskunft heischende
Blick hinter die Kulisse: Neugier – Gier auf
neue Antworten.

Sich erkennen: einander erschauen, ergründen,
jeder das tiefste Geheimnis des anderen, seine
wahre Bedeutung – göttliche Offenbarung, nur
wahrhaftig Liebenden vorbehalten, sinnlich wie
seelisch.

Wahrnehmen: etwas für wahr nehmen, seine
Wahrheit erfassen, prüfen, ob es von
Wahrhaftigkeit gedeckt ist.

Eine Wahrheit nicht behaupten, sondern auch
wissen, sich dafür frei machen: Verstand,
Sinneseindrücke und Gefühle reinigen, zur
Tabula rasa werden lassen – ganz Empfänger

sein, konzentriert auf die Botschaften der Intuition.

Aufgestellte Antennen oder Fühler: nicht nach außen gerichtet, sondern nach innen, auf den blinden Fleck in uns, das Unbewußte, morphogenetische Feld.

Materielles ist äußerlich, raumzeitlich, Geistiges jenseits davon – unstofflich: Transzendenz in der Immanenz, Fülle der Leere.

Nicht hinaushören, rausschauen oder wegdenken von sich – vielmehr Konzentration auf die eigene Mitte. Statt mit Schalltrichterohren das Universum abhorchen, mit dem Empfindungsgehör in den eigenen Kosmos lauschen. Nicht mit Kameraaugen Außenaufnahmen machen, sondern das dritte Auge auf hellsichtige Visionen fokussieren.

Vorstellungen und Bilder sind äußerlich – Gefühle der Verbundenheit mit der Schöpfung innerlich: hier erst entdecken wir unsere eigentliche Größe, gegen die Papst und Kaiser Zwerge sind.

Wahrheit fließt durch uns wie klares Wasser hindurch. Lügen sind äußere Hindernisse, mit denen wir zusammenprallen, Selbsttäuschungen innere Knotenbildungen, die unseren inneren Fluß verstopfen.

Wir: Ein sich gegenseitig in den verschiedensten Bestandteilen bewegendes und bedingendes Perpetuum mobile.

Alles ist Hilfe: jeder Sturz des Kleinkinds bringt es dazu, aufzustehen, da ihm nicht einfällt, liegenzubleiben – stürzte es nicht, stünde es gar nicht erst auf.

In „Gewissen" steckt Gewißheit, Wissen – von was? Vom Wahren, das von Lügen überschrieben wurde, verborgen, unbewußt ist, unbekannt, weil ich nicht darauf achte, nur den äußeren Lärm höre, nicht zur leisen Stimme in mir durchdringe: sie nagt und pickt aus ihrem Gefängnis von Vorurteilen und Egoismen – solange ich sie nicht wahr-nehme, bin ich im Un-Gewissen.

Erwachsen: das, was aus etwas erwächst, einem Samenkorn oder Neugeborenen, wobei es um den Wachstumsprozeß geht, nicht um das Endergebnis, den gemeinhin verstandenen „Erwachsenen", etwas Fertiges, End-Gültiges, abgeschlossen, erledigt, also tot – vielmehr

meint es das Lebendige, das sich aus einem
selbst immerfort Entwickelnde, ein aus dem
Vitalen Erwachsendes.

Für Mütter bleiben ihre Kinder immer Kinder,
weshalb ihren Kindern nichts anderes
übrigbleibt, als sich von ihnen abzunabeln,
wollen sie erwachsen werden – selbiges gilt für
Mutter Kirche und ihre Lämmer.

Respekt und Gehorsam, auch Loyalität,
basieren, wenn ehrlich, auf Liebe statt Angst.

Dialektik innerhalb der Immanenz: Spielregeln
im Mensch-ärgere-dich-nicht, in dem sie allein
Gültigkeit haben, nirgendwo anders.

Umsonst: um sonst – für etwas, nicht
unentgeltlich, für lau oder gratis, vielmehr für
ein Bestimmtes, das einfach ist, nicht zu ent-
gelten, sondern um seiner selbst willen da, aus
einer Güte heraus, etwas Gutes an sich.

Die Metaphysik braucht nicht die Physik,
sondern diese vielmehr die Metaphysik, die von
der Physik aber arrogant abgetan wird, als sei
diese autonom, obwohl sie ohne die Metaphysik
doch nicht mal ein Hauch wäre.

Wenn wir die Wahrheit wüßten, wüßten wir sie einfach – ansonsten behelfen wir uns nur mit Systemen und Konstruktionen.

Sollte nicht, statt aus dem Leben ein Kunstwerk zu machen, das *Leben* das Kunstwerk sein – ein unaufhörliches Wunder?

Das Böse, dessen Vertreter der Teufel ist, ist wie die Gravitation, die alles nach unten zieht: ein Fluch bzw. Grundgesetz der materiellen Welt, im Gegensatz zur geistigen, in der alles schwerelos, schwebend, aufsteigend ist: deshalb die Höllenstürze auf der einen und die Engelsflüge auf der anderen Seite.

Kein Wunder, daß alle falsche Wunder bewundern.

Das echte Wunder ist keine Frage des Glaubens, sondern des Begreifens.

Nicht das Wunder ist verwunderlich, sondern daß es niemand sieht.

Ein Wunder ist nichts Phantastisches, sondern wirklich, auch nichts Außerordentliches, sondern die Grundlage unserer Ordnung: alle Atome, aus denen die Welt besteht, sind eins.

Nicht die Wunder sind verschwunden, sondern unsere Blicke für sie.

Ein Wunder geschieht nicht im Äußerlichen, sondern in unserem Sinn dafür.

Wir sollten von niemandem Wunder erwarten, sondern in jedem eins sehen.

Sich wundern hieße, die dauernd geschehenden Wunder überhaupt erst mal wahrzunehmen. Doch unsere Abstumpfung und Blindheit für sie schafft sie kontinuierlich aus unserer Welt.

Was die meisten für Wunder halten, ist wie mit Talmi und Strass: sie funkeln und glitzern, und alle fallen drauf rein.

Unerklärliche Phänomene sind keine Wunder, sondern Anzeichen unserer Beschränktheit.

Wie Karl Kraus die Wunder den Bazillen vorzöge, wenn er schon an etwas glauben sollte, was er nicht sah – so sähe jemand, der die Bazillen sehen könnte, in jeder ein Wunder.

Wunder sollten kein Erstaunen erregen, sondern, sondern ein Gefühl gesteigerter Existenz wecken.

Wunder enthüllen sich nicht, sondern stehen nackt vor unseren Augen – die aber sind blind, solange uns jede Hellsichtigkeit fehlt, die den Schleier von ihnen zieht.

Nicht die Wunderheilungen waren Jesu größte Taten, sondern das Christusbewußtsein für unser wahres Wesen, das er in seinen Anhängern entzündete, damit es sich wie ein Lauffeuer rings um die Welt verbreitete.

Kein Wunder paßt in die praktische Vernunft, aber die in ein Wunder.

In „Wunder“ steckt „Wunde“, die auf eine Verletzung unserer bisherigen Sehgewohnheiten hinweist.

Für Cioran war jeder Augenblick am Grund unserer Hölle ein Wunder – für mich ist *der* Augenblick eins, in dem sich unsere Hölle in den Himmel verwandelt, was nur mit dem Wechsel unserer Sichtweise geschieht.

Wer auf Wunder hofft, hat nicht begriffen, daß
sie längst da sind.

Keine Wunder erwarten – sie vielmehr warten.

Solange das Wunder des Glaubens liebstes Kind
ist (Goethe, Faust I), offenbart es sich nicht,
sondern wird es weiter vom Glauben versteckt.

Nicht der Wunderglaube ist ein Wunder (nach
Jean Paul), sondern seine Tarnkappe.

Im Sein treten keine Wunder auf – es ist das
auftretende Wunder.

FSC
www.fsc.org
MIX
Papier aus ver-
antwortungsvollen
Quellen
Paper from
responsible sources
FSC® C105338